AF358958

ORAISON FUNEBRE

DE TRES-HAUT
ET PUISSANT SEIGNEUR
MESSIRE
MICHEL LE TELLIER,
CHEVALIER,
CHANCELIER DE FRANCE.

Prononcée dans l'Eglise Paroißiale de Saint Gervais,
où il est inhumé, le 25. Janvier 1686.

Par Messire JACQUES BENIGNE BOSSUET, Evesque de Meaux,
Conseiller du Roy en ses Conseils, cy-devant Précepteur de
Monseigneur LE DAUPHIN, Premier Aumosnier de Madame
LA DAUPHINE.

A PARIS, par SEBASTIEN MABRE-CRAMOISY,
Imprimeur du Roy, & Directeur de son Imprimerie Royale.

M. DC. LXXXVI.

ORAISON FUNEBRE
DE MESSIRE
MICHEL LE TELLIER
CHANCELIER DE FRANCE.

Poſſide ſapientiam, acquire prudentiam; arripe illam, & exal-
tabit te: glorificaberis ab eâ, cùm eam fueris amplexatus.

Poſſedez la ſageſſe, & aquerez la prudence : ſi vous la cher-
chez avec ardeur, elle vous élevera : & vous remplira de gloire,
quand vous l'aurez embraßée. Ptov. IV. 7.

ESSEIGNEURS,

EN LOUANT l'homme incompara-
ble dont cette illuſtre Aſſemblée célebre

A

les funérailles & honore les vertus, je loûe-
ray la fageſſe mefme : & la fageſſe que je
dois loûer dans ce difcours, n'eſt pas celle
qui éleve les hommes & qui agrandit les
maiſons ; ni celle qui gouverne les empires,
qui regle la paix & la guerre, & enfin qui
dicte les loix,& qui difpenfe les graces. Car
encore que ce grand Miniſtre, choiſi par
la divine Providence pour préfider aux
Confeils du plus fage de tous les Rois, ait
eſté le digne inſtrument des deſſeins les
mieux concertez que l'Europe ait jamais
veûs ; encore que la fageſſe, aprés l'avoir
gouverné dés fon enfance, l'ait porté aux
plus grands honneurs & au comble des fé-
licitez humaines : fa fin nous a fait paroiſ-
tre que ce n'eſtoit pas pour ces avantages
qu'il en écoutoit les confeils. Ce que nous
luy avons veû quitter fans peine, n'eſtoit
pas l'objet de fon amour. Il a connu la fageſſe que le monde ne connoiſt pas ; cette
Jac. III. fageſſe *qui vient d'enhaut, qui defcend du*
15. *Pere des lumieres,* & qui fait marcher les
hommes dans les fentiers de la juſtice.
C'eſt elle dont la prévoyance s'étend aux
fiecles futurs, & enferme dans fes deſſeins

l'éternité toute entiere. Touché de ses immortels & invisibles attraits, il l'a recherchée avec ardeur, selon le précepte du Sage. *La sagesse vous élevera,* dit Salomon, *& vous donnera de la gloire quand vous l'aurez embrassée.* Mais ce sera une gloire que le sens humain ne peut comprendre. Comme ce sage & puissant Ministre aspiroit à cette gloire, il l'a préférée à celle dont il se voyoit environné sur la terre. C'est pourquoy sa modération l'a toûjours mis au-dessus de sa fortune. Incapable d'estre ébloüi des grandeurs humaines, comme il y paroist sans ostentation, il y est veû sans envie: & nous remarquons dans sa conduite ces trois caracteres de la véritable sagesse ; qu'élevé sans empressement aux premiers honneurs, il y a vécu aussi modeste que grand ; que dans ses importans emplois, soit qu'il nous paroisse, comme Chancelier, chargé de la principale administration de la Justice, ou que nous le considérions dans les autres occupations d'un long ministere, supérieur à ses interests, il n'a regardé que le bien public ; & qu'enfin dans une heureuse vieillesse, prest à rendre avec ſa grande ame le ſacré dépoſt de l'autorité ſi bien confié à ſes ſoins, il a veû diſparoiſtre toute ſa grandeur avec ſa vie, ſans qu'il luy en ait couſté un ſeul ſoupir: tant il avoit mis en lieu haut & inacceſſible à la mort ſon cœur & ſes eſpérances. De ſorte qu'il nous paroiſt, ſelon la promeſſe du Sage, dans *une gloire immortelle*, pour s'eſtre ſoumis aux loix de la véritable ſageſſe, & pour avoir fait céder à la modeſtie l'éclat ambitieux des grandeurs humaines, l'intéreſt particulier à l'amour du bien public, & la vie meſme au deſir des biens éternels: & c'eſt la gloire qu'a remportée TRES-HAUT ET PUISSANT SEIGNEUR MESSIRE MICHEL LE TELLIER, CHEVALIER, CHANCELIER DE FRANCE,

LE GRAND Cardinal de Richelieu achevoit ſon glorieux miniſtere, & finiſſoit tout enſemble une vie pleine de merveilles. Sous ſa ferme & prévoyante conduite, la puiſſance d'Auſtriche ceſſoit d'eſtre redoutée, & la France ſortie enfin des guerres ci-

viles commençoit à donner le branle aux
affaires de l'Europe. On avoit une attention
particuliere à celles d'Italie, & fans parler
des autres raifons, LOUIS XIII. de glo-
rieufe & triomphante mémoire devoit fa
protection à la Ducheffe de Savoye fa fœur
& à fes enfans. Jules Mazarin dont le nom
devoit eftre fi grand dans noftre hiftoire,
employé par la Cour de Rome en diverfes
négotiations, s'eftoit donné à la France; &
propre par fon genie & par fes correfpon-
dances à ménager les efprits de fa nation,
il avoit fait prendre un cours fi heureux aux
confeils du Cardinal de Richelieu, que ce
Miniftre fe crut obligé de l'élever à la pourpre. Par-là il fembla montrer fon fucceffeur
à la France; & le Cardinal Mazarin s'avan-
çoit fecretement à la premiere place. En ces
temps MICHEL LE TELLIER enco-
re Maiftre des Requeftes, eftoit Intendant
de Juftice en Piémont. Mazarin que fes négotiations attiroient fouvent à Turin, fut
ravi d'y trouver un homme d'une fi grande capacité & d'une conduite fi feure, dans
les affaires : car les ordres de la Cour obli-
geoient l'Ambaffadeur à concerter toutes

chofes avec l'Intendant, à qui la divine Providence faifoit faire ce léger apprentiſſage des affaires d'Eſtat. Il ne falloit qu'en ouvrir l'entrée à un genie ſi perçant, pour l'introduire bien avant dans les ſecrets de la politique. Mais ſon eſprit modéré ne ſe perdoit pas dans ces vaſtes penſées; & renfermé à l'éxemple de ſes peres dans les modeſtes emplois de la robe, il ne jettoit pas ſeulement les yeux ſur les engagemens éclatans, mais perilleux, de la Cour. Ce n'eſt pas qu'il ne paruſt toûjours ſupérieur à ſes emplois. Dés ſa premiere jeuneſſe tout cédoit aux lumieres de ſon eſprit auſſi pénétrant & auſſi net qu'il eſtoit grave & ſerieux. Pouſſé par ſes amis, il avoit paſſé du Grand Conſeil, ſage compagnie où ſa réputation vit encore, à l'importante charge de Procureur du Roy. Cette grande ville ſe ſouvient de l'avoir veû, quoy-que jeune, avec toutes les qualitez d'un grand magiſtrat, oppoſé non ſeulement aux brigues & aux partialitez qui corrompent l'intégrité de la Juſtice, & aux préventions qui en obſcurciſſent les lumieres, mais encore aux voyes irrégulieres & extraordinaires où elle perd avec fa conftance la véritable autorité de fes jugemens. On y vit enfin tout l'efprit & les maximes d'un juge, qui attaché à la regle ne porte pas fes propres penfées, ni des adouciffemens ou des rigueurs arbitraires dans le tribunal, & qui veut que les loix gouvernent & non pas les hommes. Telle eft l'idée qu'il avoit de la magiftrature. Il apporta ce mefme efprit dans le Confeil, où l'autorité du Prince, qu'on y éxerce avec un pouvoir plus abfolu, femble ouvrir un champ plus libre à la Juftice; & toûjours femblable à luy-mefme, il y fuivit deflors la mefme regle qu'il y a établie depuis, quand il en a efté le chef.

Et certainement, MESSIEURS, je puis dire avec confiance, que l'amour de la Juftice eftoit comme né avec ce grave Magiftrat, & qu'il croiffoit avec luy dés fon enfance. C'eft auffi de cette heureufe naiffance que fa modeftie fe fit un rempart contre les loûanges qu'on donnoit à fon intégrité; & l'amour qu'il avoit pour la Juftice ne luy parut pas mériter le nom de vertu, parce qu'il le portoit, difoit-il, en quelque maniere dans le fang. Mais Dieu qui l'avoit

prédeftiné à eftre un exemple de Juftice dans un fi beau regne & dans la prémiere charge d'un fi grand royaume, luy avoit fait regarder le devoir de Juge où il eftoit appellé, comme le moyen particulier qu'il luy donnoit pour accomplir l'œuvre de fon falut. C'eftoit la fainte penfée qu'il avoit toûjours dans le cœur ; c'eftoit la belle parole qu'il avoit toûjours à la bouche : & par-là il faifoit affez connoiftre combien il avoit pris le gouft véritable de la piété chreftienne. Saint Paul en a mis l'éxercice, non pas dans ces pratiques particulieres que chacun fe fait à fon gré, plus attaché à ces loix qu'à celles de Dieu ; mais à fe fanctifier dans fon eftat, & *chacun dans les emplois de fa vocation*: *Unufquifque in qua vocatione vocatus eft.* Mais fi, felon la doctrine de ce grand Apoftre, on trouve la fainteté dans les emplois les plus bas, & qu'un efclave s'éleve à la perfection dans le fervice d'un maiftre mortel, pourveû qu'il y fçache regarder l'ordre de Dieu: à quelle perfection l'amè chreftienne ne peut-elle pas afpirer dans l'augufte & faint miniftere de la Juftice, puifque, felon l'Ecritu-
re,

1. Cor. VII.
20.

re, *l'on y exerce le jugement, non des hommes,* 2. Paral.
mais du Seigneur mesme? Ouvrez les yeux, XIX. 5.
Chrestiens; contemplez ces augus-
tes tribunaux où la Justice rend ses oracles :
vous y verrez avec David, *les Dieux de la* Psalm.
terre, qui meurent à la vérité comme des hom- LXXXI.
mes, mais qui cependant doivent juger comme des Dieux, sans crainte, sans passion, sans
intérest; le Dieu des Dieux à leur teste,
comme le chante ce grand Roy d'un ton
si sublime dans ce divin pseaume : *Dieu*
assiste, dit-il, *à l'assemblée des Dieux, & au*
milieu il juge les Dieux. O Juges, quelle
majesté de vos séances ! quel président de
vos assemblées ! Mais aussi quel censeur
de vos jugemens ! Sous ces yeux redou-
tables nostre sage Magistrat écoutoit également le riche & le pauvre ; d'autant plus
pur & d'autant plus ferme dans l'administration de la justice, que sans porter ses regards sur les hautes places dont tout le
monde le jugeoit digne, il mettoit son élevation comme son étude à se rendre parfait dans son estat. Non, non, ne le croyez
pas, que la justice habite jamais dans les
ames où l'ambition domine. Toute ame

B

inquiete & ambitieuſe eſt incapable de regle. L'ambition a fait trouver ces dange-reux expédiens, où ſemblable à un ſepul-cre blanchi, un juge artificieux ne garde que les apparences de la juſtice. Ne par-lons pas des corruptions qu'on a honte d'avoir à ſe reprocher. Parlons de la laſche-té ou de la licence d'une juſtice arbitraire, qui ſans regle & ſans maxime ſe tourne au gré de l'ami puiſſant. Parlons de la com-plaiſance, qui ne veut jamais ni trouver le fil, ni arreſter le progrés d'une procedure malicieuſe. Que diray - je du dangereux artifice qui fait prononcer à la Juſtice, comme autrefois aux démons, des oracles ambigus & captieux? Que diray-je des diffi-cultez qu'on ſuſcite dans l'éxécution, lors qu'on n'a pû refuſer la juſtice à un droit trop clair? *La loy eſt déchiree,* comme di-ſoit le Prophete, *& le jugement n'arrive jamais à ſa perfection : Non pervenit uſ-que ad finem judicium.* Lors que le Juge veut s'agrandir, & qu'il change en une ſou-pleſſe de cour, le rigide & inéxorable mi-niſtere de la juſtice, il fait naufrage contre ces écueïls. On ne voit dans ſes jugemens

qu'une juſtice imparfaite ; ſemblable, je ne
craindray pas de le dire, à la juſtice de Pi-
late : juſtice qui fait ſemblant d'eſtre vi-
goureuſe, à cauſe qu'elle réſiſte aux tenta-
tions médiocres , & peut - eſtre aux cla-
meurs d'un peuple irrité ; mais qui tombe
& diſparoiſt tout-à-coup , lors qu'on alle-
gue, ſans ordre meſme & mal à propos,
le nom de Céſar. Que dis - je, le nom de
Céſar ? Ces ames proſtituées à l'ambition
ne ſe mettent pas à ſi haut prix : tout ce qui
parle, tout ce qui approche, ou les ga-
gne, ou les intimide, & la juſtice ſe retire
d'avec elles. Que ſi elle s'eſt conſtruit un
ſanctuaire éternel & incorruptible dans le
cœur du ſage MICHEL LE TELLIER,
c'eſt que libre des empreſſemens de l'ambition, il ſe voit élevé aux plus grandes
places, non par ſes propres efforts, mais
par la douce impulſion d'un vent favorable ; ou plûtoſt, comme l'événement l'a juſ-
tifié, par un choix particulier de la divine
Providence. Le Cardinal de Richelieu eſtoit mort, peu regretté de ſon Maiſtre qui
craignit de luy devoir trop. Le gouverne-
ment paſſé fut odieux : ainſi de tous les Mi-

niftres le Cardinal Mazarin plus néceffaire
& plus important, fut le feul dont le credit fe foûtint; & le Secretaire d'Eftat chargé des ordres de la guerre, ou rebuté d'un
traitement qui ne répondoit pas à fon at-
tente, ou déceu par la douceur apparente
du repos qu'il crut trouver dans la folitude, ou flatté d'une fecrette efpérance de fe
voir plus avantageufement rappellé par la
néceflité de fes fervices, ou agité de ces je
ne fçay quelles inquiétudes dont les hommes ne fçavent pas fe rendre raifon à eux-
mefmes, fe réfolut tout-à-coup à quitter
cette grande charge. Le temps eftoit arrivé que noftre fage Miniftre devoit eftre
montré à fon Prince & à fa patrie. Son mérite le fit chercher à Turin fans qu'il y pen-
faft. Le Cardinal Mazarin, plus heureux,
comme vous verrez, de l'avoir trouvé, qu'il
ne le conceût alors, rappella au Roy fes
agréables fervices; & le rapide moment d'u-
ne conjonĉture impréveuë, loin de donner
lieu à la follicitation, n'en laiffa pas mefme au defir. LOUIS XIII. rendit au
Ciel fon ame jufte & pieufe; & il parut
que noftre Miniftre eftoit réfervé au Roy

son fils. Tel estoit l'ordre de la Providence, & je voy icy quelque chose de ce qu'on lit dans Isaïe. La sentence partit d'enhaut, & il fut dit à Sobna chargé d'un ministere principal : *Je t'osteray de ton poste, & je te dépoferay de ton ministere : Expellam te de statione tua, & de ministerio tuo deponam te. En ce temps j'appelleray mon serviteur Eliakim, & je le revestiray de ta puissance.* Mais un plus grand honneur luy est destiné : le temps viendra, que par l'administration de la Justice, *il sera le pere des habitans de Jerusalem & de la maison de Juda : Erit pater habitantibus Jerusalem. La clef de la maison de David,* c'est à dire de la maison regnante, *sera attachée à ses épaules : il ouvrira, & personne ne pourra fermer : il fermera, & personne ne pourra ouvrir :* il aura la souveraine dispensation de la justice & des graces.

Parmi ces glorieux emplois nostre Ministre a fait voir à toute la France, que sa modération durant quarante ans estoit le fruit d'une sagesse consommée. Dans les fortunes médiocres, l'ambition encore tremblante se tient si cachée, qu'à peine se

connoiſt - elle elle meſme. Lors qu'on ſe
voit tout d'un coup élevé aux places les
plus importantes, & que je ne ſçay quoy
nous dit dans le cœur, qu'on mérite d'autant plus de ſi grands honneurs, qu'ils ſont
venus à nous comme d'eux-meſmes, on ne
ſe poſſede plus ; & ſi vous me permettez de
vous dire une penſée de Saint Chryſoſto-
me, c'eſt aux hommes vulgaires un trop
grand effort, que celuy de ſe refuſer à cette éclatante beauté qui ſe donne à eux.
Mais noſtre ſage Miniſtre ne s'y laiſſa pas
emporter. Quel autre parut d'abord plus
capable des grandes affaires ? Qui connoiſſoit mieux les hommes & les temps ? Qui
prévoyoit de plus loin, & qui donnoit des
moyens plus ſeurs pour éviter les inconve-
niens dont les grandes entrepriſes ſont en-
vironnées ? Mais dans une ſi haute capacité & dans une ſi belle réputation, qui jamais a remarqué ou ſur ſon viſage un air
dédaigneux, ou la moindre vanité dans ſes
paroles ? Toûjours libre dans la converſation, toûjours grave dans les affaires, &
toûjours auſſi modéré que fort & inſinuant
dans ſes diſcours, il prenoit ſur les eſprits

un afcendant que la feule raifon luy donnoit. On voyoit & dans fa maifon & dans
fa conduite, avec des mœurs fans reproche,
tout également éloigné des extrémitez;
tout enfin mefuré par la fageffe. S'il fceut
foûtenir le poids des affaires, il fceut auffi
les quitter, & reprendre fon premier repos. Pouffé par la cabale, Chaville le vit
tranquille durant plufieurs mois, au milieu
de l'agitation de toute la France. La Cour
le rappelle en vain: il perfifte dans fa paifi-
ble retraite, tant que l'eftat des affaires le
put fouffrir, encore qu'il n'ignoraft pas ce
qu'on machinoit contre luy durant fon ab-
fence; & il ne parut pas moins grand en de-
meurant fans action, qu'il l'avoit paru en fe
foûtenant au milieu des mouvemens les
plus hazardeux. Mais dans le plus grand calme de l'Eftat, auffitoft qu'il luy fut permis de
fe repofer des occupations de fa charge fur
un fils qu'il n'euft jamais donné au Roy, s'il
ne l'euft fenti capable de le bien fervir: aprés
qu'il eût reconnu que le nouveau Secretaire d'Eftat fçavoit avec une ferme & con-
tinuelle action fuivre les deffeins & éxécu-
ter les ordres d'un maiftre fi entendu dans

l’art de la guerre : ni la hauteur des entreprifes ne furpaffoit fa capacité, ni les foins
infinis de l’éxécution n’eftoient au deffus
de fa vigilance ; tout eftoit preft aux lieux
deftinez ; l’Ennemi également menacé dans
toutes fes places ; les troupes auffi vigou-
reufes que difciplinées n’attendoient que
les derniers ordres du grand Capitaine , &
l’ardeur que fes yeux infpirent ; tout tombe
fous fes coups, & il fe voit l’arbitre du monde : alors le zélé Miniftre dans une entiere
vigueur d’efprit & de corps, crut qu’il pouvoit fe permettre une vie plus douce. L’é-
preuve en eft hazardeufe pour un homme
d’Eftat ; & la retraite prefque toûjours a
trompé ceux qu’elle flattoit de l’efpérance
du repos. Celuy-cy fut d’un caractere plus
ferme. Les Confeils où il affiftoit luy laif-
foient prefque tout fon temps ; & aprés cette
grande foule d’hommes & d’affaires qui
l’environnoit, il s’eftoit luy-mefme réduit à
une efpece d’oifiveté & de folitude : mais il
la fceût foûtenir. Les heures qu’il avoit
libres furent remplies de bonnes lectures,
& ce qui paffe toutes les lectures, de fé-
rieufes réfléxions fur les erreurs de la vie
humaine ,

humaine, & sur les vains travaux des politiques, dont il avoit tant d'experience.
L'Eternité se présentoit à ses yeux, comme
le digne objet du cœur de l'homme. Parmi
ces sages pensées, & renfermé dans un doux
commerce avec ses amis aussi modestes que
luy, car il sçavoit les choisir de ce caractere,
& il leur apprenoit à le conserver dans les
emplois les plus importans & de la plus
haute confiance, il goustoit un véritable
repos dans la maison de ses peres, qu'il a-
voit accommodée peu à peu à sa fortune pré-
sente, sans luy faire perdre les traces de l'an-
cienne simplicité, joüissant en sujet fidelle
des prospéritez de l'Estat & de la gloire de
son Maistre. La charge de Chancelier va-
qua, & toute la France la destinoit à un Ministre si zélé pour la justice. Mais, comme
dit le Sage : *Autant que le ciel s'éleve, &* Prov. XXV.
que la terre s'incline au dessous, autant le 3.
cœur des Rois est impénétrable. Enfin le moment du Prince n'estoit pas encore arrivé;
& le tranquille Ministre qui connoissoit les
dangereuses jalousies des Cours, & les sages temperamens des conseils des Rois,
sceût encore lever les yeux vers la divine

C

Providence , dont les decrets éternels re-
glent tous ces mouvemens. Lors qu'aprés de
longues années il se vit élevé à cette grande
charge , encore qu'elle receust un nouvel
éclat en sa personne où elle estoit jointe à la
confiance du Prince; sans s'en laisser éblouïr,
le modeste Ministre disoit seulement que le
Roy , pour couronner plûtost la longueur
que l'utilité de ses services , vouloit donner
un titre à son tombeau , & un ornement à
sa famille. Tout le reste de sa conduite ré-
pondit à de si beaux commencemens. Nostre siecle qui n'avoit point veû de Chancelier si autorisé , vit en celuy-cy autant de
modération & de douceur que de dignité
& de force : pendant qu'il ne cessoit de se
regarder comme devant bientost rendre
compte à Dieu d'une si grande administration. Ses fréquentes maladies le mirent souvent aux prises avec la mort : éxercé par
tant de combats , il en sortoit toûjours plus
fort & plus résigné à la volonté divine. La
pensée de la mort ne rendit pas sa vieillesse moins tranquille ni moins agréable. Dans
la mesme vivacité on luy vit faire seulement
de plus graves réfléxions sur la caducité de

son âge, & sur le desordre extréme que cau-
seroit dans l'Estat une si grande autorité
dans des mains trop foibles. Ce qu'il avoit
veû arriver à tant de sages vieillards qui
sembloient n'estre plus rien que leur ombre
propre, le rendoit continuellement attentif
à luy - mesme. Souvent il se disoit en son
cœur, que le plus malheureux effet de
cette foiblesse de l'âge, estoit de se cacher à
ses propres yeux ; de sorte que tout-à-coup
on se trouve plongé dans l'abisme, sans a-
voir pû remarquer le fatal moment d'un in-
sensible déclin : & il conjuroit ses enfans par
toute la tendresse qu'il avoit pour eux , &
par toute leur reconnoissance, qui faisoit sa
consolation dans ce court reste de vie , de
l'avertir de bonne heure, quand ils verroient
sa memoire vaciller ou son jugement s'af-
foiblir , afin que par un reste de force il pust
garantir le public & sa propre conscience
des maux dont les menaçoit l'infirmité de
son âge. Et lors mesme qu'il sentoit son esprit entier, il prononçoit la mesme sentence, si le corps abbatu n'y répondoit pas : car
c'est la résolution qu'il avoit prise dans sa
derniere maladie : & plûtost que de voir lan-

guir les affaires avec luy, si ses forces ne luy revenoient, il se condamnoit, en rendant les Sceaux, à rentrer dans la vie privée, dont aussi jamais il n'avoit perdu le goust; au hazard de s'ensevelir tout vivant, & de vivre peut-estre assez, pour se voir long-temps traversé par la dignité qu'il auroit quittée: Tant il estoit audessus de sa propre élevation & de toutes les grandeurs humaines!

MAIS CE QUI rend sa modération plus digne de nos loûanges, c'est la force de son génie né pour l'action, & la vigueur qui durant cinq ans luy fit dévoüer sa teste aux fureurs civiles. Si aujourd'huy je me voy contraint de retracer l'image de nos malheurs, je n'en feray point d'excuse à mon auditoire, où de quelque costé que je me tourne, tout ce qui frappe mes yeux, me montre une fidélité irréprochable, ou peut-estre une courte erreur réparée par de longs services. Dans ces fatales conjonctures, il falloit à un Ministre estranger un homme d'un ferme génie & d'une égale seûreté, qui nourri dans les compagnies,

connuſt les ordres du Royaume & l'eſprit
de la Nation. Pendant que la magnanime
& intrépide Régente eſtoit obligée à montrer le Roy enfant aux Provinces, pour
diſſiper les troubles qu'on y excitoit de
toutes parts : Paris & le cœur du Royaume demandoient un homme capable de
profiter des momens ſans attendre de nou-
veaux ordres, & ſans troubler le concert
de l'Eſtat. Mais le Miniſtre luy - meſme
ſouvent éloigné de la Cour, au milieu de
tant de conſeils, que l'obſcurité des affaires, l'incertitude des événemens, & les
différens intéreſts faiſoient hazarder, n'a-
voit-il pas beſoin d'un homme que la Régente puſt croire ? Enfin il falloit un homme, qui pour ne pas irriter la haine publique déclarée contre le miniſtere, ſceuſt
ſe conſerver de la créance dans tous les
partis, & ménager les reſtes de l'autorité.
Cét homme ſi néceſſaire au jeune Roy, à
la Régente, à l'Eſtat, au Miniſtre, aux ca-
bales meſmes, pour ne les précipiter pas
aux dernieres extrémitez par le deſeſpoir :
vous me prévenez, MESSIEURS, c'eſt
celuy dont nous parlons. C'eſt donc icy,

C iij

qu'il parut comme un génie principal.
Alors nous le vifmes s'oublier luy-mefme,
& comme un fage pilote, fans s'étonner ni
des vagues, ni des orages, ni de fon propre
péril, aller droit comme au terme unique
d'une fi perilleufe navigation, à la conferva-
tion du corps de l'Eftat, & au rétabliffement
de l'autorité Royale. Pendant que la Cour
réduifoit Bordeaux, & que GASTON laif-
fé à Paris pour le maintenir dans le devoir,
eftoit environné de mauvais confeils ; LE
TELLIER fut le Chufaï qui les confondit,
& qui affeûra la victoire à l'OINT DU SEI-
GNEUR. Fallut-il éventer les Confeils d'Ef-
pagne, & découvrir le fecret d'une paix
trompeufe que l'on propofoit afin d'exciter
la fédition pour peu qu'on l'euft différée ?
LE TELLIER en fit d'abord accepter les of-
fres : noftre Plenipotentiaire partit ; & l'Ar-
chiduc forcé d'avoûër qu'il n'avoit pas de
pouvoir, fit connoiftre luy-mefme au peuple émeû, fi toutefois un peuple émeû connoift quelque chofe, qu'on ne faifoit qu'a-
bufer de fa crédulité. Mais s'il y eut jamais
une conjon<ture où il falluft montrer de
la prévoyance & un courage intrepide, ce

fut lors qu’il s’agit d’affeûrer la garde des
trois illuftres captifs. Quelle caufe les fit
arrefter : fi ce fut ou des foupçons ou des
véritez, ou de vaines terreurs ou de vrais
périls, & dans un pas fi gliffant des précau-
tions néceffaires : qui le pourra dire à la pof-
térité ? Quoy qu’il en foit, l’Oncle du Roy
eft perfuadé : on croit pouvoir s’affeûrer des
autres Princes, & on en fait des coupables
en les traitant comme tels. Mais où garder
des lions toûjours prefts à rompre leurs
chaifnes ; pendant que chacun s’efforce de
les avoir en fa main, pour les retenir ou
les lafcher au gré de fon ambition ou de
fes vengeances ? GASTON que la Cour
avoit attiré dans fes fentimens, eftoit-il in-
acceffible aux factieux ? Ne voy-je pas au
contraire autour de luy des ames hautai-
nes, qui pour faire fervir les Princes à leurs
intérefts cachez, ne ceffoient de luy infpirer qu’il devoit s’en rendre le maiftre ? De
quelle importance, de quel éclat, de quelle réputation au dedans & au dehors d’eftre le maiftre du fort du PRINCE DE
CONDE’ ? Ne craignons point de le nommer, puis qu’enfin tout eft furmonté par

la gloire de son grand nom & de ses actions immortelles. L'avoir entre ses mains, c'estoit y avoir la victoire mesme qui le suit éternellement dans les combats. Mais il estoit juste que ce précieux dépost de l'Estat demeurast entre les mains du Roy, & il luy appartenoit de garder une si noble partie de son sang. Pendant donc que nostre Ministre travailloit à ce glorieux ouvrage où il y alloit de la Royauté & du salut de l'Estat, il fut seul en bute aux factieux. Luy seul, disoient-ils, sçavoit dire & taire ce qu'il falloit. Seul il sçavoit épancher & retenir son discours : impénétrable, il pénétroit tout ; & pendant qu'il tiroit le secret des cœurs, il ne disoit, maistre de luy-mesme, que ce qu'il vouloit. Il perçoit dans tous les secrets, démesloit toutes les intrigues, découvroit les entreprises les plus cachées & les plus sourdes machinations. C'estoit ce *Prov. X X.* sage dont il est écrit : *Les conseils se recelent* *5. dans le cœur de l'homme à la maniere d'un profond abisme, sous une eau dormante : mais l'homme sage les épuise ; il en découvre* le fond : *Sicut aqua profunda, sic consilium in corde viri : vir sapiens exhauriet illud.*

Luy

Luy seul réünissoit les gens de bien, rompoit les liaisons des factieux, en déconcertoit les desseins, & alloit recueïllir dans les égarez ce qu'il y restoit quelquefois de bonnes intentions. GASTON ne croyoit que luy; & luy seul sçavoit profiter des heureux momens, & des bonnes dispositions d'un si grand Prince. *Venez, venez, faisons contre luy de secrettes menées: Venite, cogitemus adversus eum cogitationes.* Unissons-nous pour le décréditer; tous ensemble *frapons-le de nostre langue, & ne soufrons plus qu'on écoute tous ses beaux discours: Percutiamus eum linguâ, neque attendamus universos sermones ejus.* Mais on faisoit contre luy de plus funestes complots. Combien receût-il d'avis secrets, que sa vie n'estoit pas en seûreté? Et il connoissoit dans le parti, de ces fiers courages dont la force malheureuse & l'esprit extréme ose tout, & sçait trouver des éxécuteurs. Mais sa vie ne luy fut pas précieuse, pourveû qu'il fust fidelle à son ministere. Pouvoit-il faire à Dieu un plus beau sacrifice, que de luy offrir une ame pure de l'iniquité de son siecle, & dévoûée à son Prince & à

D

ſa patrie ? JESUS nous en a montré l'e-
xemple : les Juifs meſmes le reconnoiſ-
ſoient pour un ſi bon citoyen, qu'ils cru-
rent ne pouvoir donner auprés de luy une
meilleure recommendation à ce Centenier,
qu'en diſant à noſtre Sauveur : *Il aime noſtre nation.* Jérémie a-t-il plus verſé de
larmes que luy ſur les ruines de ſa patrie ?
Que n'a pas fait ce Sauveur miſéricor-
dieux pour prévenir les malheurs de ſes ci-
toyens ? Fidelle au Prince comme à ſon
païs, il n'a pas craint d'irriter l'envie des
Phariſiens en défendant les droits de Céſar :
& lors qu'il eſt mort pour nous ſur le Cal-
vaire, victime de l'univers, il a voulu que
le plus chéri de ſes Evangeliſtes remarquaſt,
qu'il mourroit ſpecialement *pour ſa nation :*
quia moriturus erat pro gente. Si noſtre zélé
Miniſtre, touché de ces véritez, expoſa ſa
vie, craindroit-il de hazarder ſa fortune ?
Ne ſçait-on pas qu'il falloit ſouvent s'oppoſer aux inclinations du Cardinal ſon bien-
faicteur ? Deux fois, en grand politique, ce
judicieux favori ſceût céder au temps, &
s'éloigner de la Cour. Mais il le faut dire :
toûjours il y vouloit revenir trop toſt. LE

Luc. VII.
5.

Matt. XXII.
21.

Joa. XI. 51.

TELLIER s'oppofoit à fes impatiences jufqu'à fe rendre fufpect ; & fans craindre ni fes
envieux, ni les défiances d'un Miniftre é-
galement foupçonneux & ennuyé de fon
eftat, il alloit d'un pas intrépide où la raifon d'Eftat le déterminoit. Il fceût fuivre
ce qu'il confeilloit. Quand l'éloignement
de ce grand Miniftre euft attiré celuy de fes
confidens : fupérieur par cét endroit au Miniftre mefme, dont il admiroit d'ailleurs les
profonds confeils, nous l'avons veû retiré
dans fa maifon, où il conferva fa tranquillité parmi les incertitudes des émotions po-
pulaires & d'une Cour agitée ; & réfigné à
la Providence , il vit fans inquiétude fre-
mir alentour les flots irritez. Et parce qu'il
fouhaitoit le rétabliffement du Miniftre,
comme un fouftien néceffaire de la réputation & de l'autorité de la Régence, &
non pas, comme plufieurs autres, pour
fon intéreft, que le pofte qu'il occupoit luy
donnoit affez de moyens de ménager d'ailleurs : aucun mauvais traitement ne le re-
butoit. Un beaufrere facrifié malgré fes fervices, luy montroit ce qu'il pouvoit craindre. Il fçavoit, crime irrémiffible dans les

Cours, qu’on écoutoit des propofitions contre luy-mefme, & peut-eftre que fa place euft efté donnée, fi on euft pû la remplir d’un homme auffi feûr. Mais il n’en tenoit pas moins la balance droite. Les uns donnoient au Miniftre des efpérances trompeufes; les autres luy infpiroient de vaines terreurs, & en s’empreffant beaucoup, ils faifoient les zélez & les importans. Le Tellier luy montroit la' vérité, quoyque fouvent importune; & induftrieux à fe cacher dans les actions éclatantes, il en renvoyoit la gloire au Miniftre, fans craindre dans le mefme temps de fe charger des refus que l’intéreft de l’Eftat rendoit néceffaires. Et c’eft de-là qu’il eft arrivé, qu’en méprifant par raifon la haine de ceux dont il luy falloit combatre les prétentions, il en aqueroit l’eftime, & fouvent mefme l’amitié & la confiance. L’Hiftoire en racontera de fameux éxemples: je n’ay pas befoin de les rapporter; & content de remarquer des actions de vertu dont les fages auditeurs puiffent profiter, ma voix n’eft pas deftinée à fatisfaire les politiques ni les curieux. Mais puis-je oublier celuy que je voy par

tout dans le recit de nos malheurs? Cét
homme fi fidelle aux particuliers, fi redoutable à l'Eftat, d'un caractere fi haut qu'on
ne pouvoit ni l'eftimer, ni le craindre, ni
l'aimer, ni le haïr à demi; ferme génie, que
nous avons veû en ébranlant l'univers s'at-
tirer une dignité qu'à la fin il voulut quitter comme trop cherement achetée, ainfi
qu'il eût le courage de le reconnoiftre dans
le lieu le plus éminent de la Chreftienté,
& enfin comme peu capable de contenter
fes defirs: tant il connut fon erreur, & le
vuide des grandeurs humaines. Mais pendant qu'il vouloit aquerir ce qu'il devoit
un jour méprifer, il remua tout par de fe-
crets & puiffans refforts; & aprés que tous
les partis furent abbatus, il fembla encore
fe foûtenir feul, & feul encore menacer
le favori victorieux, de fes triftes & intré-
pides regards. La Religion s'intéreffe dans
fes infortunes; la Ville Royale s'émeut; &
Rome mefme menace. Quoy donc, n'eft-
ce pas affez que nous foyons attaquez au
dedans & au dehors par toutes les puif-
fances temporelles? Faut-il que la Religion
fe mefle dans nos malheurs, & qu'elle fem-

ble nous oppoſer de prés & de loin une
autorité ſacrée ? Mais par les ſoins du ſage
MICHEL LE TELLIER, Rome n'eût
point à reprocher au Cardinal Mazarin d'a-
voir terni l'éclat de la pourpre dont il eſtoit
reveſtu : les affaires Eccleſiaſtiques prirent
une forme réglée : ainſi le calme fut rendu
à l'Eſtat : on revoit dans ſa premiere vigueur l'autorité affoiblie : Paris & tout le
Royaume avec un fidelle & admirable em-
preſſement reconnoiſt ſon Roy gardé par la
Providence, & réſervé à ſes grands ouvrages : le zele des compagnies, que de triſtes
expériences avoient éclairées, eſt inébran-
lable : les pertes de l'Eſtat ſont réparées : le
Cardinal fait la paix avec avantage : au plus
haut point de ſa gloire, ſa joye eſt troublée
par la triſte apparition de la mort : intrépide,
il domine juſqu'entre ſes bras & au milieu
de ſon ombre : il ſemble qu'il ait entrepris
de montrer à toute l'Europe, que ſa faveur
attaquée par tant d'endroits, eſt ſi haute-
ment rétablie, que tout devient foible contre elle, juſqu'à une mort prochaine & len-
te. Il meurt avec cette triſte conſolation ;
& nous voyons commencer ces belles an-

nées, dont on ne peut aſſez admirer le cours
glorieux. Cependant la grande & pieuſe
ANNE D'AUSTRICHE rendoit un perpetuel témoignage à l'inviolable fidélité de
noſtre Miniſtre, où parmi tant de divers
mouvemens elle n'avoit jamais remarqué
un pas douteux. Le Roy qui dés ſon enfance l'avoit veû toûjours attentif au bien
de l'Eſtat, & tendrement attaché à ſa Perſonne ſacrée, prenoit confiance en ſes conſeils ; & le Miniſtre conſervoit ſa modération, ſoigneux ſur tout de cacher l'important ſervice qu'il rendoit continuellement à
l'Eſtat, en faiſant connoiſtre les hommes
capables de remplir les grandes places, &
en leur rendant à propos des offices qu'ils ne
ſçavoient pas. Car que peut faire de plus uti-
le un zélé Miniſtre, puis que le Prince, quelque grand qu'il ſoit, ne connoiſt ſa force
qu'à demi, s'il ne connoiſt les grands hommes que la Providence fait naiſtre en ſon
temps pour le ſeconder ? Ne parlons pas des
vivans, dont les vertus non plus que les
loûanges ne ſont jamais ſeûres dans le va-
riable eſtat de cette vie. Mais je veux icy
nommer par honneur le ſage, le docte & le

pieux LAMOIGNON, que noſtre Miniſtre propoſoit toujours comme digne de prononcer les oracles de la juſtice dans le plus majeſtueux de ſes tribunaux. La Juſtice leur commune amie les avoit unis : & maintenant ces deux ames pieuſes, touchées ſur la terre du meſme deſir de faire regner les loix, contemplent enſemble à découvert les loix éternelles d'où les noſtres ſont dérivées ; & ſi quelque légere trace de nos foibles diſtinctions paroiſt encore dans une ſi ſimple & ſi claire viſion, elles adorent Dieu en qualité de Juſtice & de Regle.

℣. XXXII. *Ecce in juſtitia regnabit Rex, & Principes in judicio præerunt : Le Roy regnera ſelon la juſtice, & les juges préſideront en jugement.* La juſtice paſſe du Prince dans les magiſtrats, & du tróne elle ſe répand ſur les tribunaux. C'eſt dans le regne d'Ezechias le modele de nos jours. Un Prince zélé pour la juſtice nomme un principal & univerſel Magiſtrat capable de contenter ſes deſirs. L'infatigable Miniſtre ouvre des yeux attentifs ſur tous les tribunaux : animé des ordres du Prince, il y établit la regle, la diſcipline, le concert, l'eſprit de juſtice. Il

ſçait

fçait que fi la prudence du fouverain Magiftrat eft obligée quelquefois dans les cas
extraordinaires de fuppléer à la prévoyance des loix, c'eft toûjours en prenant leur
efprit; & enfin qu'on ne doit fortir de la
regle, qu'en fuivant un fil qui tienne, pour
ainfi dire, à la regle mefme. Confulté de toutes parts, il donne des réponfes courtes, mais
décifives, auffi pleines de fageffe que de dignité; & le langage des loix eft dans fon
difcours. Par toute l'étenduë du Royaume
chacun peut faire fes plaintes, affeûré de la
protection du Prince; & la Juftice ne fut jamais ni fi éclairée ni fi fecourable. Vous
voyez comme ce fage Magiftrat modere
tout le corps de la Juftice. Voulez-vous voir
ce qu'il fait dans la fphere où il eft attaché,
& qu'il doit mouvoir par luy-mefme? Combien de fois s'eft-on plaint, que les affaires
n'avoient ni de regle ni de fin; que la force
des chofes jugées n'eftoit prefque plus con-
nuë; que la compagnie où l'on renver-
foit avec tant de facilité les jugemens de
toutes les autres, ne refpectoit pas davantage les fiens; enfin, que le nom du Prince
eftoit employé à rendre tout incertain, &

E

que souvent l'iniquité sortoit du lieu d'où elle devoit estre foudroyée ? Sous le sage MICHEL LE TELLIER le Conseil fit sa véritable fonction ; & l'autorité de ses arrests, semblable à un juste contrepoids, tenoit par tout le Royaume la balance égale. Les Juges que leurs coups hardis & leurs artifices faisoient redouter, furent sans credit : leur nom ne servit qu'à rendre la Justice plus attentive. Au Conseil comme au Sceau, la multitude, la variété, la difficulté des affaires n'étonnerent jamais ce grand Magistrat : il n'y avoit rien de plus difficile, ni aussi de plus hazardeux, que de le surprendre ; & dés le commencement de son ministere, cette irrévocable sentence sortit de sa bouche, que le crime de le tromper seroit le moins pardonnable. De quelque belle apparence que l'iniquité se couvrist, il en pénétroit les détours ; & d'abord il sçavoit connoistre, mesme sous les fleurs, la marche tortueuse de ce serpent. Sans chastiment, sans rigueur, il couvroit l'injustice de confusion, en luy faisant seulement sentir qu'il la connoissoit ; & l'exemple de son infléxible régularité fut l'inévitable censure de tous

les mauvais deſſeins. Ce fut donc par cét
éxemple admirable, plus encore que par
ſes diſcours & par ſes ordres, qu'il établit
dans le Conſeil une pureté & un zele de la
juſtice, qui attire la vénération des peuples,
aſſeûre la fortune des particuliers, affermit
l'ordre public, & fait la gloire de ce regne. Sa juſtice n'eſtoit pas moins prompte
qu'elle eſtoit éxaĉte. Sans qu'il falluſt le preſ-
ſer, les gemiſſemens des malheureux plai-
deurs qu'il croyoit entendre nuit & jour,
eſtoient pour luy une perpetuelle & vive
ſollicitation. Ne dites pas à ce zélé Magiſtrat, qu'il travaille plus que ſon grand âge
ne le peut ſouffrir : vous irriterez le plus
patient de tous les hommes. Eſt-on, diſoit-
il, dans les places pour ſe repoſer & pour
vivre ? ne doit-on pas ſa vie à Dieu, au
Prince & à l'Eſtat? Sacrez autels, vous m'eſ-
tes témoins, que ce n'eſt pas aujourd'huy
par ces artificieuſes fiĉtions de l'éloquence,
que je luy mets en la bouche ces fortes paroles ! ſçache la poſtérité, ſi le nom d'un ſi
grand Miniſtre fait aller mon diſcours juſqu'à elle, que j'ay moy-meſme ſouvent entendu ces ſaintes réponſes. Aprés de gran-

des maladies caufées par de grands travaux,
on voyoit revivre cét ardent defir de reprendre fes éxercices ordinaires au hazard
de retomber dans les mefmes maux ; & tout
fenfible qu'il eftoit aux tendreffes de fa famille , il l'accouftumoit à ces courageux
fentimens. C'eft, comme nous l'avons dit,
qu'il faifoit confifter avec fon falut le fervice particulier qu'il devoit à Dieu dans
une fainte adminiftration de la juftice. Il en
faifoit fon culte perpetuel, fon facrifice du
matin & du foir, felon cette parole du Sage:
Prov. XXI. *La juftice vaut mieux devant Dieu, que de*
5. *luy offrir des victimes.* Car quelle plus fainte
hoftie, quel encens plus doux, quelle prie-
re plus agréable, que de faire entrer devant foy la caufe de la veuve , que d'effuyer
les larmes du pauvre oppreffé, & de faire
taire l'iniquité par toute la terre ? Combien
le pieux Miniftre eftoit touché de ces véritez, fes paifibles audiances le faifoient paroiftre. Dans les audiances vulgaires l'un
toûjours précipité vous trouble l'efprit ;
l'autre avec un vifage inquiet, & des regards incertains, vous ferme le cœur : celuy-
là fe prefente à vous par couftume ou par

bienséance , & il laisse vaguer ses pensées
sans que vos discours arrestent son esprit
distrait ; celuy-cy plus cruel encore, a les o-
reilles bouchées par ses préventions , & incapable de donner entrée aux raisons des
autres il n'écoute que ce qu'il a dans son
cœur. A la facile audiance de ce sage Magistrat, & par la tranquillité de son favorable visage, une ame agitée se calmoit. C'est-
là qu'on trouvoit *ces douces réponses qui ap-*
paisent la colere, & *ces paroles qu'on préfere*
aux dons : Verbum meliùs quàm datum. Il
connoissoit les deux visages de la Justice :
l'un facile dans le premier abord ; l'autre sé-
vere & impitoyable quand il faut conclure.
Là elle veut plaire aux hommes, & également contenter les deux partis : icy elle ne
craint, ni d'offenser le puissant, ni d'affliger
le pauvre & le foible. Ce charitable Magistrat estoit ravi d'avoir à commencer par la
douceur ; & dans toute l'administration de
la justice il nous paroissoit un homme que
sa nature avoit fait bienfaisant,& que la rai-
son rendoit infléxible. C'est par où il avoit
gagné les cœurs. Tout le Royaume faisoit des vœux pour la prolongation de ses

Prov. XV.
1.
Ec. XVIII.
16.

E iij

jours : on se reposoit sur sa prévoyance : ses longues expériences estoient pour l'Estat un tresor inépuisable de sages conseils ; & sa justice, sa prudence , la facilité qu'il apportoit aux affaires, luy méritoient la vénération & l'amour de tous les peuples. O Seigneur, vous avez fait, comme dit le Sage, *l'œil qui regarde, & l'oreille qui écoute !* Vous donc qui donnez aux Juges ces regards benins, ces oreilles attentives, & ce cœur toûjours ouvert à la vérité, écoutez-nous pour celuy qui écoutoit tout le monde, Et vous, doctes interpretes des loix, fidelles dépositaires de leurs secrets, & implacables vengeurs de leur sainteté méprisée, suivez ce grand éxemple de nos jours. Tout l'univers a les yeux sur vous : affranchis des intérests & des passions, sans yeux comme sans mains, vous marchez sur la terre semblables aux esprits célestes : ou plûtost images de Dieu, vous en imitez l'indépendance ; comme luy vous n'avez besoin ni des hommes ni de leurs presens ; comme luy vous faites justice à la veuve & au pupille ; l'étranger n'implore pas en vain vostre secours ; & asseûrez que vous éxercez la puissance du

Prov. X X. 12.

Deut. X. 17. 18.

Juge de l'univers, vous n'épargnez per-
fonne dans vos jugemens. Puiffe-t-il avec
fes lumieres & avec fon efprit de force vous
donner cette patience, cette attention, &
cette docilité toûjours acceffible à la raifon *3. Reg. III,*
que Salomon luy demandoit pour juger fon *9.*
peuple.

Mais ce que cette chaire, ce que ces autels, ce que l'Evangile que j'annonce, &
l'éxemple du grand Miniftre dont je célebre
les vertus, m'oblige à recommander plus
que toutes chofes, c'eft les droits facrez de
l'Eglife. L'Eglife ramaffe enfemble tous les
titres par où l'on peut efpérer le fecours de
la juftice. La juftice doit une affiftance particuliere aux foibles, aux orfelins, aux épou-
fes delaiffées, & aux étrangers. Quelle eft
forte cette Eglife, & que redoutable eft le
glaive que le Fils de Dieu luy a mis dans la
main! Mais c'eft un glaive fpirituel, dont les
fuperbes & les incrédules ne reffentent pas
le *double tranchant.* Elle eft fille du Tout- *Apoc. I. 16,*
puiffant : mais fon Pere qui la foûtient au *Heb. IV.*
dedans, l'abandonne fouvent aux perfécu- *12.*
teurs ; & à l'éxemple de J E S U S-C H R I S T,
elle eft obligée de crier dans fon agonie :

Matthæi XXVII. 46.

Mon Dieu, mon Dieu, pourquoy m'avez-vous délaißée? Son Epoux est le plus puiſ-ſant comme le plus beau & le plus parfait

Pſ. XLIV.
Joan. III. 29.

de tous les enfans des hommes; mais elle n'a entendu ſa voix agreable, elle n'a joûï de ſa douce & deſirable préſence qu'un mo-ment: tout d'un coup il a pris la fuite avec

Cant. VIII. 14.

une courſe rapide, *& plus viſte qu'un faon de biche il s'eſt élevé audeſſus des plus hautes montagnes.* Semblable à une épouſe déſo-lée, l'Egliſe ne fait que gemir, & le chant

Cant. II. 12.

de la tourterelle délaiſſée eſt dans ſa bouche. Enfin elle eſt étrangere & comme errante ſur la terre, où elle vient recueïllir les en-fans de Dieu ſous ſes aiſles; & le monde qui s'efforce de les luy ravir, ne ceſſe de traverſer ſon pélerinage. Mere affligée, elle a ſouvent à ſe plaindre de ſes enfans qui l'oppriment: on ne ceſſe d'entreprendre ſur ſes droits ſacrez: ſa puiſſance céleſte eſt af-foiblie, pour ne pas dire tout-à-fait étein-te. On ſe venge ſur elle de quelques-uns de ſes miniſtres trop hardis uſurpateurs des droits temporels: a ſon tour la puiſſance temporelle a ſemblé vouloir tenir l'Egliſe captive, & ſe récompenſer de ſes pertes ſur

JESUS-

JESUS-CHRIST mefme : les tribu-
naux féculiers ne retentiffent que des affaires ecclefiaftiques : on ne fonge pas au don
particulier qu'a receû l'Ordre Apoftolique
pour les décider ; don célefte que nous ne
recevons qu'une fois *par l'impofition des* 2. *Tim. I.*
mains ; mais que Saint Paul nous ordonne 6.
de ranimer, de renouveller, & de rallumer
fans ceffe en nous-mefmes comme un feu
divin, afin que la vertu en foit immortelle
dans l'Ordre facré. Ce don nous eft-il feulement accordé pour annoncer la fainte parole, ou pour fanctifier les ames par les Sa-
cremens ? N'eft-ce pas auffi pour policer les
Eglifes, pour y établir la difcipline, pour
appliquer les Canons infpirez de Dieu à
nos faints prédéceffeurs, & accomplir tous
les devoirs du miniftere ecclefiaftique ? Autrefois & les Canons & les Loix, & les
Evefques & les Empereurs concouroient
enfemble à empefcher les miniftres des autels de paroiftre, pour les affaires mefme
temporelles, devant les juges de la terre :
on vouloit avoir des interceffeurs purs du
commerce des hommes, & on craignoit de
les rengager dans le fiecle d'où ils avoient

F

eité féparez pour eftre le partage du Seigneur. Maintenant c’eft pour les affaires
ecclefiaftiques, qu’on les y voit entraifnez:
tant le fiecle a prévalu, tant l’Eglife eft foible & impuiffante! Il eft vray que l’on com-
mence à l’écouter: l’augufte Confeil & le
premier Parlement donnent du fecours à
fon autorité bleffée: les fources du droit
font révélées: les faintes maximes revivent.
Un Roy zélé pour l’Eglife, & toûjours preft
à luy rendre davantage qu’on ne l’accufe
de luy ofter, opere ce changement heureux:
fon fage & intelligent Chancelier feconde
fes defirs: fous la conduite de ce Miniftre
nous avons comme un nouveau code favorable à l’Epifcopat; & nous vanterons defor-
mais à l’éxemple de nos peres les Loix unies
aux Canons. Quand ce fage Magiftrat ren-
voye les affaires ecclefiaftiques aux tribunaux féculiers, fes doctes Arrefts leur mar-
quent la voye qu’ils doivent tenir, & le remede qu’il pourra donner à leurs entreprifes.
Ainfi la fainte clofture protectrice de l’hu-
milité & de l’innocence eft établie: ainfi la
puiffance féculiere ne donne plus ce qu’elle
n’a pas; & la fainte fubordination des puif-

fances ecclefiaftiques , image des céleftes hierarchies & lien de noftre unité, eft con-fervée : ainfi la clericature joûït par tout le Royaume de fon privilege : ainfi fur le fa-crifice des vœux & fur *ce grand Sacrement de* l'indiffoluble *union de* JESUS-CHRIST *avec fon Eglife,* les opinions font plus fai-nes dans le barreau éclairé, & parmi les ma-giftrats intelligens, que dans les livres de quelques auteurs qui fe difent ecclefiafti-ques & theologiens. Un grand Prélat a part à ces grands ouvrages : habile autant qu'agréable interceffeur auprés d'un Pere porté par luy-mefme à favorifer l'Eglife, il fçait ce qu'il faut attendre de la piété éclai-rée d'un grand Miniftre, & il repréfente les droits de Dieu fans bleffer ceux de Céfar. Aprés ces commencemens, ne pourrons-nous pas enfin efpérer que les jaloux de la France n'auront pas éternellement à luy reprocher les Libertez de l'Eglife toûjours employées contre elle-mefme ? Ame pieufe du fage MICHEL LE TELLIER, aprés avoir avancé ce grand ouvrage, recevez de-vant ces autels ce témoignage fincere de voftre Foy & de noftre reconnoiffance, de

Ephef. V. 32.

la bouche d'un Evefque trop toft obligé à
changer en facrifices pour voftre repos,
ceux qu'il offroit pour une vie fi précieu-
fe. Et vous, faints Evefques, interpretes du
ciel, juges de la terre, Apoftres, Docteurs,
& ferviteurs des Eglifes; vous qui fancti-
fiez cette affemblée par voftre préfence, &
vous qui difperfez par tout l'univers en-
tendrez le bruit d'un miniftere fi favorable
à l'Eglife : offrez à jamais de faints facrifices pour cette ame pieufe. Ainfi puiffe
la difcipline ecclefiaftique eftre entiere-
ment rétablie; ainfi puiffe eftre renduë la
majefté à vos tribunaux, l'autorité à vos
jugemens, la gravité & le poids à vos cen-
fures : puiffiez-vous fouvent affemblez au
nom de JESUS-CHRIST l'avoir au milieu de vous, & revoir la beauté des an-
ciens jours. Qu'il me foit permis du moins
de faire des vœux devant ces autels ; de
foupirer aprés les antiquitez devant une
compagnie fi éclairée, & d'annoncer la fageffe entre les parfaits ! Mais, Seigneur, que
ce ne foit pas feulement des vœux inutiles !
Que ne pouvons-nous obtenir de voftre
bonté, fi comme nos prédéceffeurs nous

*1. Cor. III.
6.*

faiſons nos chaſtes délices de voſtre Ecritu-
re, noſtre principal éxercice de la prédica-
tion de voſtre parole, & noſtre félicité de
la fanctification de voſtre peuple ; ſi atta-
chez à nos troupeaux par un ſaint amour,
nous craignons d'en eſtre arrachez ; ſi nous
ſommes ſoigneux de former des Preſtres
que L O U I S puiſſe choiſir pour remplir nos
chaires ; ſi nous luy donnons le moyen de
décharger ſa conſcience de cette partie la
plus perilleuſe de ſes devoirs ; & que par une
regle inviolable ceux-là demeurent exclus
de l'Epiſcopat, qui ne veulent pas y arriver par des travaux Apoſtoliques ? Car auſſi comment pourrons-nous ſans ce ſecours
incorporer tout-à-fait à l'Egliſe de J E S U S-
C H R I S T, tant de peuples nouvellement
convertis, & porter avec confiance un ſi
grand accroiſſement de noſtre fardeau ? Ha,
ſi nous ne ſommes infatigables à inſtruire,
à reprendre, à conſoler, à donner le lait
aux infirmes & le pain aux forts, enfin à
cultiver ces nouvelles plantes, & à expli-
quer à ce nouveau peuple la ſainte parole,
dont, helas ! on s'eſt tant ſervi pour le ſé- *Luc. XI.*
duire : *le fort armé chaſſé de ſa demeure re-* *21.24.25.*
26.

viendra plus furieux que jamais, *avec sept
esprits plus malins que luy, & nostre estat
deviendra pire que le précedent!* Ne laiffons
pas cependant de publier ce miracle de nos
jours : faifons-en paffer le recit aux fiecles
futurs. Prenez vos plumes facrées, vous qui
compofez les Annales de l'Eglife : agiles
instrumens *d'un prompt écrivain & d'une
main diligente* , haftez-vous de mettre
LOUIS avec les Conftantins & les Theo-
dofes. Ceux qui vous ont précédé dans ce
beau travail, racontent *qu'avant qu'il y euft
eû des Empereurs , dont les loix euffent ofté
les affemblées aux Hérétiques , les Sectes de-
meuroient unies, & s'entretenoient long-temps.
Mais,* pourfuit Sozomene, *depuis que Dieu
fufcita des Princes Chreftiens , & qu'ils eu-
rent défendu ces conventicules, la loy ne per-
mettoit pas aux Hérétiques de s'affembler en
public ; & le Clergé qui veilloit fur eux les em-
pefchoit de le faire en particulier. De cette
forte, la plus grande partie fe réüniffoit, &
les opiniaftres mouroient fans laiffer de pofté-
rité , parce qu'ils ne pouvoient ni communi-
quer entre eux , ni enfeigner librement leurs
dogmes.* Ainfi tomboit l'Héréfie avec fon

Pf. XLIV.
1.

Soz. lib. II.
cap. 32.

venin; & la difcorde rentroit dans les enfers, d'où elle eftoit fortie. Voilà, MESSIEURS, ce que nos peres ont admiré dans les premiers fiecles de l'Eglife. Mais nos peres n'avoient pas veû, comme nous, une Héréfie invétérée tomber tout-à-coup : les troupeaux égarez revenir en foule, & nos églifes trop étroites pour les recevoir : leurs faux pafteurs les abandonner , fans mefme en attendre l'ordre , & heureux d'avoir à leur alleguer leur banniffement pour excufe : tout calme dans un fi grand mouvement : l'univers étonné de voir dans un événement fi nouveau la marque la plus affeûrée , comme le plus bel ufage de l'autorité , & le mérite du Prince plus reconnu & plus révéré que fon autorité mefme. Touchez de tant de merveilles , épanchons nos cœurs fur la piété de LOUIS. Pouffons jufqu'au Ciel nos acclamations ; & difons à ce nouveau Conftantin , à ce nouveau Théodofe , à ce nouveau Marcien , à ce nouveau Charlemagne , ce que les fix cens trente Peres dirent autrefois dans le Concile de Chalcedoine : *Vous avez affermi la Foy ; vous avez exterminé les Hérétiques : c'eft le di-* Conc. Chalc. Act. VI.

gne ouvrage de voftre Regne ; c'en eft le pro-
pre caractere. Par vous l'Héréfie n'eft plus :
Dieu feul a pu faire cette merveille. Roy du
Ciel, confervez le Roy de la terre : c'eft le
vœu des Eglifes ; c'eft le vœu des Evefques.

QUAND le fage Chancelier receût
l'ordre de dreffer ce picux Edit qui donne
le dernier coup à l'Héréfie, il avoit déja ref-
fenti l'atteinte de la maladie dont il eft
mort. Mais un Miniftre fi zélé pour la juftice, ne devoit pas mourir avec le regret de
ne l'avoir pas renduë à tous ceux dont les
affaires eftoient préparées. Malgré cette fa-
tale foibleffe qu'il commençoit de fentir, il
écouta, il jugea, & il goufta le repos d'un
homme heureufement dégagé, à qui ni l'E-
glife, ni le monde, ni fon Prince, ni fa patrie, ni les particuliers, ni le public n'avoient
plus rien à demander. Seulement Dieu luy
réfervoit l'accompliffement du grand ouvrage de la Religion ; & il dit en fcellant la
révocation du fameux Edit de Nantes, qu'a-
prés ce triomphe de la Foy & un fi beau mo-
nument de la piété duRoy, il ne fe foucioit
plus

plus de finir ſes jours. C'eſt la derniere parole qu'il ait prononcée dans la fonction de
ſa charge : parole digne de couronner un
ſi glorieux miniſtere ! En effet, la mort ſe
déclare : on ne tente plus de remede contre
ſes funeſtes attaques : dix jours entiers il la
conſidere avec un viſage aſſeûré ; tranquille, toûjours aſſis comme ſon mal le demandoit, on croit aſſiſter juſqu'à la fin ou à la
paiſible audiance d'un Miniſtre, ou à la
douce converſation d'un ami commode.
Souvent il s'entretient ſeul avec la mort :
la memoire, le raiſonnement, la parole ferme, & auſſi vivant par l'eſprit qu'il eſtoit
mourant par le corps, il ſemble luy demander d'où vient qu'on la nomme cruelle.
Elle luy fut nuit & jour toûjours préſente ;
car il ne connoiſſoit plus le ſommeil, & la
froide main de la mort pouvoit ſeule luy
clorre les yeux. Jamais il ne fut ſi attentif :
Je ſuis, diſoit-il, *en faction ;* car il me ſemble que je luy voy prononcer encore cette
courageuſe parole. Il n'eſt pas temps de ſe
repoſer : à chaque attaque il ſe tient preſt,
& il attend le moment de ſa délivrance. Ne
croyez pas que cette conſtance ait pu naïſ-

G

tre tout-à-coup entre les bras de la mort : c'est le fruit des méditations que vous avez veûës, & de la préparation de toute la vie. La mort révele les secrets des cœurs. Vous, riches, vous qui vivez dans les joyes du monde, si vous sçaviez avec quelle facilité vous vous laissez prendre aux richesses que vous croyez posseder ; si vous sçaviez par combien d'imperceptibles liens, elles s'attachent, & pour ainsi dire, elles s'incorporent à vostre cœur, & combien sont forts & pernicieux ces liens que vous ne sentez pas : vous entendriez la vérité de cette parole du Sauveur : *Malheur à vous, riches !* & *vous pousseriez,* comme dit Saint Jacques, *des cris lamentables & des hurlemens à la veûë de vos miseres.* Mais vous ne sentez pas un attachement si déréglé. Le desir se fait mieux sentir, parce qu'il a de l'agitation & du mouvement. Mais dans la possession, on trouve comme dans un lit un repos funeste, & on s'endort dans l'amour des biens de la terre sans s'appercevoir de ce malheureux engagement. C'est, MES FRERES, où tombe celuy qui met sa confiance dans les richesses ; je dis mesme dans les richeſſes bien aquiſes. Mais l'excés de l'attachement que nous ne ſentons pas dans la poſſeſſion, ſe fait, dit Saint Auguſtin, ſentir dans la perte. C'eſt là qu'on entend ce cri d'un Roy malheureux, d'un Agag outré contre la mort qui luy vient ravir tout-à-coup avec la vie ſa grandeur & ſes plaiſirs : *Siccine ſeparat amara mors ? Eſt-ce ainſi que la mort amere vient rompre tout-à-coup de ſi doux liens ?* Le cœur ſaigne : dans la douleur de la playe on ſent combien ces richeſſes y tenoient ; & le peché que l'on commettoit par un attachement ſi exceſſif, ſe découvre tout entier : *Quantùm amando deliquerint, perdendo ſenſerunt.* Par une raiſon contraire, un homme dont la fortune protégée du Ciel ne connoiſt pas les diſgraces ; qui élevé ſans envie aux plus grands honneurs, heureux dans ſa perſonne & dans ſa famille, pendant qu'il voit diſparoiſtre une vie ſi fortunée benit la mort, & aſpire aux biens éternels : ne fait-il pas voir qu'il n'avoit pas mis *ſon cœur dans le treſor que les voleurs peuvent enlever,* & que comme un autre Abraham il ne connoiſt de repos que *dans la Cité permanente ?*

Aug. de civ. lib. I. c. 10.

1. Reg. XV. 32.

Mat. VI. 19. 20. 21.

Heb. XI. 10.

Un fils conſacré à Dieu s'aquite courageu-
ſement de ſon devoir comme de toutes les
autres parties de ſon miniſtere, & il va porter la triſte parole à un pere ſi tendre & ſi
cheri : il trouve ce qu'il eſperoit, un chreſtien préparé à tout, qui attendoit ce dernier office de ſa piété. L'Extréme-Onction
annoncée par la meſme bouche à ce phi-
loſophe chreſtien excite autant ſa piété,
qu'avoit fait le ſaint Viatique : les ſaintes
prieres des agonizans réveillent ſa foy : ſon
ame s'épanche dans les celeſtes cantiques ;
& vous diriez qu'il ſoit devenu un autre
David par l'application qu'il ſe fait à luy-
meſme de ſes divins Pſeaumes. Jamais juſte
n'attendit la grace de Dieu avec une plus
ferme confiance : jamais pécheur ne deman-
da un pardon plus humble, ni ne s'en crut
plus indigne. Qui me donnera le burin que
Job deſiroit, pour graver ſur l'airain & ſur
le marbre cette parole ſortie de ſa bouche
en ces derniers jours : que depuis quarante-
deux ans qu'il ſervoit le Roy, il avoit la conſolation de ne luy avoir jamais donné de conſeil que ſelon ſa conſcience, & dans un ſi
long miniſtere de n'avoir jamais ſouffert une

injuſtice qu'il puſt empeſcher? La juſtice de-
meurer conſtante, & pour ainſi dire, toûjours vierge & incorruptible parmi des
occaſions ſi délicates : quelle merveille de
la grace ! Aprés ce témoignage de ſa conſcience, qu'avoit-il beſoin de nos éloges ?
Vous étonnez-vous de ſa tranquillité?
Quelle maladie ou quelle mort peut troubler celuy qui porte au fond de ſon cœur
un ſi grand calme ? Que voy-je durant ce
temps? des enfans percez de douleur : car
ils veulent bien que je rende ce témoignage à leur piété, & c'eſt la ſeule loûange
qu'ils peuvent écouter ſans peine. Que
voy-je encore ? uné femme forte, pleine
d'aumônes & de bonnes œuvres, précé-
dée malgré ſes deſirs par celuy que tant de
fois elle avoit crû devancer. Tantoſt elle
va offrir devant les autels cette plus chere
& plus précieuſe partie d'elle-meſme : tantoſt elle rentre auprés du malade, non par
foibleſſe, mais, dit-elle, *pour apprendre à
mourir, & profiter de cét éxemple.* L'heureux vieillard joûit juſqu'à la fin des ten-
dreſſes de ſa famille, où il ne voit rien de
foible : mais pendant qu'il en gouſte la re-

connoiſſance, comme un autre Abraham il
la ſacrifie, & en l'invitant à s'éloigner, *Je
veux,* dit-il, *m'arracher juſqu'aux moindres
veſtiges de l'humanité.* Reconnoiſſez-vous
un chreſtien qui acheve ſon ſacrifice ; qui
fait le dernier effort, afin de rompre tous
les liens de la chair & du ſang, & ne tient
plus à la terre ? Ainſi parmi les ſouffran-
ces & dans les approches de la mort, s'é-
pure comme dans un feu l'ame chreſtien-
ne. Ainſi elle ſe dépouïlle de ce qu'il y a
de terreſtre & de trop ſenſible, meſme dans
les affections les plus innocentes. Telles
ſont les graces qu'on trouve à la mort.
Mais qu'on ne s'y trompe pas, c'eſt quand
on l'a ſouvent méditée ; quand on s'y eſt
long-temps préparé par de bonnes œuvres :
autrement la mort porte en elle-meſme ou
l'inſenſibilité, ou un ſecret déſeſpoir, ou
dans ſes juſtes frayeurs l'image d'une pé-
nitence trompeuſe, & enfin un trouble fatal à la piété. Mais voicy dans la perfection
de la charité, la conſommation de l'œuvre
de Dieu. Un peu aprés, parmi ſes langueurs
& percé de douleurs aiguës, le courageux
vieillard ſe leve, & les bras en haut, aprés

avoir demandé la perféverance, *Je ne defire point*, dit-il, *la fin de mes peines, mais
je defire de voir Dieu.* Que voy-je icy,
CHRESTIENS? la foy véritable, qui
d'un cofté ne fe lafle pas de fouffrir : vray
caractere d'un chreftien : & de l'autre, ne
cherche plus qu'à fe développer de fes té-
nebres, & en diffipant le nuage fe changer en pure lumiere & en claire vifion.
O moment heureux où nous fortirons des
ombres & des énigmes pour voir la vé - *1. Cor.*
rité manifefte ! Courons-y, MES FRE- *XIII. 12.*
RES, avec ardeur : haftons-nous de *puri-* *Matth. V.*
fier noftre cœur, afin de voir Dieu, felon la *8.*
promefle de l'Evangile. Là eft le terme du
voyage : là fe finiflent les gémiflemens : là
s'acheve le travail de la Foy, quand elle
va, pour ainfi dire, enfanter la veûe. Heureux moment encore une fois ! qui ne te
defire pas, n'eft pas chreftien. Aprés que
ce pieux defir eft formé par le Saint Efprit
dans le cœur de ce vieillard plein de foy,
que refte-t-il, CHRESTIENS, finon qu'il
aille joüir de l'objet qu'il aime? Enfin, preft
à rendre l'ame, *Je rends graces à Dieu,*
dit-il, *de voir défaillir mon corps devant*

mon esprit. Touché d'un si grand bienfait, & ravi de pouvoir pousser ses reconnoissances jusques au dernier soupir, il commença l'hymne des divines miséricordes: *Misericordias Domini in æternum cantabo:* Je chanteray, dit-il, *éternellement les miséricordes du Seigneur.* Il expire en disant ces mots, & il continuë avec les Anges le sacré cantique. Reconnoissez maintenant que sa perpetuelle modération venoit d'un cœur détaché de l'amour du monde; & réjoüissez-vous en Nostre Seigneur, de ce que riche il a mérité les graces & la récompense de la pauvreté. Quand je considere attentivement dans l'Evangile la parabole ou pluſtoſt l'histoire du mauvais riche, & que je voy de quelle sorte JESUS-CHRIST y parle des fortunez de la terre, il me semble d'abord qu'il ne leur laisse aucune espérance au siecle futur. Lazare pauvre & couvert d'ulceres *est porté par les Anges au sein d'Abraham;* pendant que le riche toûjours heureux dans cette vie, *est enseveli dans les Enfers.* Voilà un traitement bien différent que Dieu fait à l'un & à l'autre. Mais comment est-ce que le

Fils

Fils de Dieu nous en explique la caufe ?
Le riche, dit-il, *a receû fes biens, & le pau-* Ibid. 25.
vre fes maux dans cette vie : & de là quelle
confequence ? Ecoutez riches, & tremblez :
Et maintenant, pourfuit - il, *l'un reçoit fa* Ibid.
confolation, & l'autre fon jufte fupplice. Ter-
rible diftinction ! funefte partage pour les
grands du monde ! Et toutefois ouvrez les
yeux : c'eft le riche Abraham qui reçoit Ibid.
le pauvre Lazare dans fon fein ; & il vous
montre, ô riches du fiecle, à quelle gloi-
re vous pouvez afpirer, fi *pauvres en efprit,* Matt. V. 3.
& détachez de vos biens, vous vous tenez
aufli prefts à les quitter, qu'un voyageur
empreffé à déloger de la tente où il paffe
une courte nuit. Cette grace, je le confeffe,
eft rare dans le Nouveau Teftament, où les
afflictions & la pauvreté des enfans de
Dieu, doivent fans ceffe repréfenter à toute l'Eglife un JESUS-CHRIST fur la
croix. Et cependant, CHRESTIENS, Dieu
nous donne quelquefois de pareils éxemples, afin que nous entendions qu'on peut
méprifer les charmes de la grandeur, mefme préfente ; & que les pauures appren-
nent à ne defirer pas avec tant d'ardeur

H

ce qu'on peut quitter avec joye. Ce Miniftre fi fortuné & fi détache tout enfemble, leur doit infpirer ce fentiment. La
mort a découvert le fecret de fes affaires ;
& le public, rigide cenfeur des hommes
de cette fortune & de ce rang, n'y a rien
veû que de modéré. On a veû fes biens
accrus naturellement par un fi long miniftere & par une prévoyante œconomie ;
& on ne fait qu'ajoufter à la loûange de
grand Magiftrat & de fage Miniftre, celle
de fage & vigilant Pere de famille, qui n'a
pas efté jugée indigne des faints Patriar-
ches. Il a donc, à leur éxemple, quitté fans
peine ce qu'il avoit aquis fans empreffe-
ment : fes vrais biens ne luy font pas oftez,
& fa juftice demeure aux fiecles dés fiecles.
C'eft d'elle que font découlées tant de graces & tant de vertus que fa derniere maladie a fait éclater. Ses aumônes fi bien cachées dans le fein du pauvre ont prié pour
luy : fa main droite les cachoit à fa main
gauche ; & à la réferve de quelque ami qui
en a efté le miniftre ou le témoin néceffaire,
fes plus intimes confidens les ont ignorées :
mais le *Pere qui les a veûës dans le fecret*

luy en a rendu la récompenfe. Peuples, ne le pleurez plus ; & vous qui ébloüis de l'éclat du monde, admirez le tranquille cours d'une fi longue & fi belle vie, portez plus haut vos penfées. Quoy donc, quatre-vingts-trois ans paffez au milieu des profpéritez, quand il n'en faudroit retrancher ni l'enfance où l'homme ne fe connoift pas, ni les maladies où l'on ne vit point, ni tout le temps dont on a toûjours tant de fujet de fe repentir, paroiftront-ils quelque chofe à la veûë de l'Eternité où nous nous avançons à fi grands pas ? Aprés cent trente ans de vie, Jacob amené au Roy d'Egypte luy raconte la courte durée de fon laborieux pélerinage, qui n'égale pas les jours de fon pere Ifaac ni de fon ayeul Abraham. Mais les ans d'Abraham & d'Ifaac qui ont fait paroiftre fi courts ceux de Jacob, s'évavanoüiffent auprés de la vie de Sem, que celle d'Adam & de Noé efface. Que fi le temps comparé au temps, la mefure à la mefure & le terme au terme, fe réduit à rien : que fera-ce fi l'on compare le temps à l'éternité, où il n'y a ni mefure ni terme ? Comptons donc comme tres-court,

Genef.
XLVII.
9.

H ij

CHRESTIENS, ou pluſtoſt comptons comme un pur neant tout ce qui finit ; puis qu'enfin quand on auroit multiplié les années au-delà de tous les nombres connus, viſiblement ce ne ſera rien, quand nous ſerons arrivez au terme fatal. Mais peut-eſtre que preſt à mourir, on comptera pour quelque choſe cette vie de réputation, ou cette imagination de revivre dans ſa famille qu'on croira laiſſer ſolidement établie. Qui ne voit, MES FRERES, combien vaines, mais combien courtes & combien fragiles ſont encore ces ſecondes vies que noſtre foibleſſe nous fait inventer pour couvrir en quelque ſorte l'horreur de la mort. Dormez voſtre ſommeil, riches de la terre, & demeurez dans voſtre pouſſiere. Ha ſi quelques générations ; que dis-je, ſi quelques années aprés voſtre mort, vous reveniez, hommes oubliez, au milieu du monde, vous vous haſteriez de rentrer dans vos tombeaux, pour ne voir pas voſtre nom terni, voſtre mémoire abolie, & voſtre prévoyance trompée dans vos amis, dans vos créatures, & plus encore dans vos héritiers & dans vos enfans. Eſt-ce là le fruit

du travail, dont vous vous eftes confumez
fous le foleil, vous amaffant un trefor de
haine & de colere éternelle au jufte jugement de Dieu? Sur tout, mortels, defabufez-
vous de la penfée dont vous vous flatez,
qu'aprés une longue vie, la mort vous fera
plus douce & plus facile. Ce ne font pas les
années; c'eft une longue préparation qui
vous donnera de l'affeûrance. Autrement
un philofophe vous dira en vain que vous
devez eftre raffafié d'années & de jours, &
que vous avez affez veû les faifons fe renouveller, & le monde rouler autour de
vous; ou pluftoft, que vous vous eftes affez
veû rouler vous-mefme & paffer avec le
monde. La derniere heure n'en fera pas
moins infupportable, & l'habitude de vivre ne fera qu'en accroiftre le defir. C'eft
de faintes méditations, c'eft de bonnes
œuvres, c'eft ces véritables richeffes, que
vous envoyerez devant vous au fiecle futur, qui vous infpireront de la force; & c'eft
par ce moyen que vous affermirez voftre
courage. Le vertueux MICHEL LE
TELLIER vous en a donné l'éxemple:
la Sageffe, la Fidelité, la Juftice, la Mo-

deftie, la Prévoyance, la Piété ; toute la
troupe facrée des vertus , qui veilloient,
pour ainfi dire, autour de luy, en ont ban-
ni les frayeurs , & ont fait du jour de fa
mort, le plus beau, le plus triomphant, le
plus heureux jour de fa vie.

P. Parocel, inv.   S. Thomassin sculp.

EXTRAIT DU PRIVILEGE.

PAR Lettres Patentes du Roy données à Chaville le 12. Aouſt 1682. ſignées JUNQUIERES, & ſcellées du grand Sceau de cire jaune, il eſt permis à Meſſire JACQUES BENIGNE BOSSUET Eveſque de Meaux, Conſeiller du Roy en ſes Conſeils, cy-devant Précepteur de Monſeigneur le DAUPHIN, premier Aumoſnier de Madame la DAUPHINE, de faire imprimer par tel Imprimeur qu'il voudra choiſir, en telle forme & tel caractere qu'il trouvera bon, *tous les Livres qu'il aura compoſez, ou qu'il jugera à propos de faire imprimer pour l'utilité publique*, & ce pendant vingt années, à compter du jour que chacun deſdits ouvrages ſera achevé d'imprimer. Fait Sa Majeſté tres-expreſſes défenſes à tous Imprimeurs ou Libraires autres que celuy qui aura eſté choiſi par ledit Seigneur Eveſque, & à toutes perſonnes, de quelque qualité ou condition qu'elles ſoient, d'imprimer ou faire imprimer leſdits Livres, ſous quelque prétexte que ce ſoit, meſme de traduction, à peine de ſix mille livres d'amende, payable ſans déport par chacun des contrevenans, de confiſcation des exemplaires contrefaits, & de tous dépens, dommages & intéreſts, comme il eſt porté plus amplement par leſdites Lettres.

Regiſtré ſur le Livre de la Communauté des Imprimeurs & Libraires de Paris le dix ſeptiéme Aouſt mil ſix cens quatre-vingts-deux. Signé, C. ANGOT, Sindic.

L'Oraiſon Funébre de Meſſire MICHEL LE TELLIER Chancelier de France a eſté achevée d'imprimer le 8. jour de Mars 1686.